GRöLS Verlage

„Bücher sind wie Fallschirme. Sie nützen uns nichts, wenn wir sie nicht öffnen."

Gröls Verlag

Redaktionelle Hinweise und Impressum

Das vorliegende Werk wurde zugunsten der Authentizität sehr zurückhaltend bearbeitet. So wurden etwa ursprüngliche Rechtschreibfehler *nicht* systematisch behoben, denn kleine Unvollkommenheiten machen das Buch – wie im Übrigen den Menschen – erst authentisch. Mitunter wurden jedoch zum Beispiel Absätze behutsam neu getrennt, um den Lesefluss zu erleichtern.

Um die Texte zu rekonstruieren, werden antiquarische Bücher von Lesegeräten gescannt und dann durch eine Software lesbar gemacht. Der so entstandene Text wird von Menschen gegengelesen und korrigiert – hierbei treten auch Fehler auf. Wenn Sie ebenfalls antiquarische Texte einreichen möchten, finden Sie weitere Informationen auf www.groels.de

Viel Freude bei der Lektüre wünscht Ihnen das Team des Gröls-Verlags.

Adressen

Verleger: Sophia Gröls, Im Borngrund 26, 61440 Oberursel

Externer Dienstleister für Distribution & Herstellung: BoD, In de Tarpen 42, 22848 Norderstedt

Unsere „Edition | Werke der Weltliteratur“ hat den Anspruch, eine der größten und vollständigsten Sammlungen klassischer Literatur in deutscher Sprache zu sein. Nach und nach versammeln wir hier nicht nur die „üblichen Verdächtigen“ von Goethe bis Schiller, sondern auch Kleinode der vergangenen Jahrhunderte, die – zu Unrecht – drohen, in Vergessenheit zu geraten. Wir kultivieren und kuratieren damit einen der wertvollsten Bereiche der abendländischen Kultur. Kleine Auswahl:

Francis Bacon • Neues Organon • **Balzac** • Glanz und Elend der Kurtisanen • **Joachim H. Campe** • Robinson der Jüngere • **Dante Alighieri** • Die Göttliche Komödie • **Daniel Defoe** • Robinson Crusoe • **Charles Dickens** • Oliver Twist • **Denis Diderot** • Jacques der Fatalist • **Fjodor Dostojewski** • Schuld und Sühne • **Arthur Conan Doyle** • Der Hund von Baskerville • **Marie von Ebner-Eschenbach** • Das Gemeindekind • **Elisabeth von Österreich** • Das Poetische Tagebuch • **Friedrich Engels** • Die Lage der arbeitenden Klasse • **Ludwig Feuerbach** • Das Wesen des Christentums • **Johann G. Fichte** • Reden an die deutsche Nation • **Fitzgerald** • Zärtlich ist die Nacht • **Flaubert** • Madame Bovary • **Gorch Fock** • Seefahrt ist not! • **Theodor Fontane** • Effi Briest • **Robert Musil** • Über die Dummheit • **Edgar Wallace** • Der Frosch mit der Maske • **Jakob Wassermann** • Der Fall Maurizius • **Oscar Wilde** • Das Bildnis des Dorian Grey • **Émile Zola** • Germinal • **Stefan Zweig** • Schachnovelle • **Hugo von Hofmannsthal** • Der Tor und der Tod • **Anton Tschechow** • Ein Heiratsantrag • **Arthur Schnitzler** • Reigen • **Friedrich Schiller** • Kabale und Liebe • **Nicolo Machiavelli** • Der Fürst • **Gotthold E. Lessing** • Nathan der Weise • **Augustinus** • Die Bekenntnisse des heiligen Augustinus • **Marcus Aurelius** • Selbstbetrachtungen • **Charles Baudelaire** • Die Blumen des Bösen • **Harriett Stowe** • Onkel Toms Hütte • **Walter Benjamin** • Deutsche Menschen • **Hugo Bettauer** • Die Stadt ohne Juden • **Lewis Caroll** • *und viele mehr….*

William Shakespeare

Was ihr wollt

Übersetzt

von

Christoph Martin Wieland

Inhalt

Personen

Orsino , *Herzog von Illyrien.*

Sebastiano , *ein junger Edelmann, Bruder der Viola.*

Antonio , *ein Schiff-Capitain.*

Valentin *und* **Curio** , *Hofleute des Orsino.*

Sir Tobias Rülps , *Olivia's Oheim.*

Sir Andreas Fieberwange , *sein Zechbruder.*

Ein Schiffhauptmann, Viola's Freund.

Fabian , *Diener der Olivia.*

Malvolio , *ihr Hausmeister.*

Hans Wurst.

Olivia , *eine Dame von grosser Schönheit, Stand und Reichthum, in die Orsino verliebt ist.*

Viola , *in den Herzog verliebt.*

Maria , *Olivia's Kammer-Jungfer.*

Ein Priester, Matrosen, Offizianten und andre stumme Personen.

Die Scene, eine Stadt an der Küste von Illyrien.

Erster Aufzug

Erste Scene

Der Pallast.

Der Herzog, Curio, und etliche Herren vom Hofe treten auf.

Herzog. Wenn Musik die Nahrung der Liebe ist, so spielt fort; stopft mich voll damit, ob vielleicht meine Liebe von Ueberfüllung krank werden, und so sterben mag – – Dieses *Passage* noch einmal; – – es hat einen so sterbenden Fall: O, es schlüpfte über mein Ohr hin, wie ein sanfter Südwind, der Gerüche gebend und stehlend über ein Violen-Bette hinsäuselt. – – Genug! nichts mehr! Es ist nicht mehr so anmuthig, als es vorhin war. O Geist der Liebe, wie sprudelnd und launisch bist du! weit und unersättlich wie die See, aber auch darinn ihr ähnlich, daß nichts da hineinkömmt, von so hohem Werth es auch immer sey, das nicht in einer Minute von seinem Werth herab und zu Boden sinke – –

Curio. Wollt ihr jagen gehen, Gnädigster Herr?

Herzog. Was?

Curio. Den Hirsch.

Herzog. – – Wie? das wäre das edelste was ich habe: O, wie ich Olivia zum erstenmal sah, däuchte mich, sie reinigte die Luft von einem giftigen Nebel; von diesem Augenblik an ward' ich in einen Hirsch verwandelt, und meine Begierden, gleich wilden, hungrigen Hunden, verfolgen mich seither – –

Valentin tritt auf.

Nun, was für eine Zeitung bringt ihr mir von ihr?

Valentin. Gnädigster Herr, ich wurde nicht vorgelassen; alles was ich statt einer Antwort erhalten konnte, war, daß ihr Kammer-Mädchen mir sagte, die Luft selbst sollte in den nächsten sieben Jahren ihr Gesicht nicht bloß zu sehen kriegen; sondern gleich einer Kloster-Frau will sie in einem Schleyer herum gehen, und alle Tage ein mal ihr Zimmer rund herum mit Thränen begiessen: Alles diß aus Liebe zu einem verstorbenen Bruder, dessen Andenken sie immer frisch und lebendig in ihrem Herzen erhalten will.

Herzog. O, Sie, die ein so fühlendes Herz hat, daß sie einen Bruder so sehr zu lieben fähig ist; wie wird sie lieben, wenn Amors goldner Pfeil die ganze Heerde aller andern Zuneigungen, ausser einer einzigen, in ihrer Brust getödtet hat? Wenn Leber, Gehirn und Herz, drey unumschränkte Thronen, alle von Einem (o entzükende Vorstellung) von Einem und demselben König besezt und ausgefüllt sind! Folget mir in den Garten – – Verliebte Gedanken ligen nirgends schöner, als unter einem grünen Thron-Himmel, auf Polstern von Blumen.

(Sie gehen ab.)

Zweyte Scene

Die Strasse.

Viola, ein Schiffs-Capitain, und etliche Matrosen.

Viola. In was für einem Lande sind wir, meine Freunde.

Capitain. In Illyrien, Gnädiges Fräulein.

Viola. Und was soll ich in Illyrien machen, da mein Bruder im Elysium ist? – – Doch vielleicht ist er nicht umgekommen; was meynt ihr, meine Freunde?

Capitain. Es ist ein blosses Glük, daß ihr selbst gerettet worden seyd.

Viola. O mein armer Bruder! – – aber, hätt' er dieses Glük nicht auch haben können?

Capitain. Es ist wahr; und wenn die Hoffnung eines glüklichen *Vielleicht* Eu. Gnaden beruhigen kan, so versichre ich euch, wie unser Schiff strandete, und ihr und diese wenigen, die mit euch gerettet wurden, an unserm Boot hiengen, da sah ich euern Bruder, selbst in dieser äussersten Gefahr, Muth und Vorsicht nicht verliehrend, sich selbst an einen starken Mast binden, der auf der See umhertrieb; und auf diese Art schwamm er, wie Arion auf dem Rüken des Delphins, durch die Wellen fort, bis ich ihn endlich aus den Augen verlohr.

Viola. Hier ist Gold für diese gute Nachricht. Meine eigne Rettung läßt mich auch die seinige hoffen, und dein Bericht bestärkt mich hierinn. Bist du in dieser Gegend bekannt?

Capitain. Ja, Madam, sehr wohl; der Ort wo ich gebohren und erzogen wurde, ist nicht drey Stunden Wegs von hier entfernt.

Viola. Wer regiert hier?

Capitain. Ein edler Herzog, den Eigenschaften und dem Namen nach.

Viola. Wie nennt er sich?

Capitain. Orsino.

Viola. Orsino? Ich erinnre mich, daß ich von meinem Vater ihn nennen hörte; er war damals noch unvermählt.

Capitain. Er ist's auch noch, oder war's doch vor kurzem; denn es ist nicht über einen Monat, daß ich von her abreisete, und damals murmelte man nur einander in die Ohren, (ihr wißt, wie gerne die Kleinern von dem, was die Grossen thun, schwazen,) daß er sich um die Liebe der schönen Olivia bewerbe.

Viola. Wer ist diese Olivia?

Capitain. Eine junge Dame von grossen Eigenschaften, die Tochter eines Grafen, der vor ungefehr einem Jahr starb, und sie unter dem Schuz seines Sohns, ihres Bruders, hinterließ; aber auch diesen hat sie erst kürzlich durch den Tod verlohren; und man sagt, sie sey so betrübt darüber, daß sie die Gesellschaft, ja so gar den blossen Anblik der Menschen verschworen habe.

Viola. Wenn ich nur ein Mittel wißte, in die Dienste dieser Dame zu kommen, ohne eher in der Welt für das was ich bin bekannt zu werden, als ich es selbst meinen Absichten verträglich finden werde.

Capitain. Das wird schwer halten; denn sie läßt schlechterdings niemand vor sich, sogar den Herzog nicht.

Viola. Du hast das Ansehen eines rechtschaffnen Manns, Capitain; und obgleich die Natur manchmal den häßlichsten Unrath mit einer schönen Mauer einfaßt, so will ich doch von dir glauben, daß dein Gemüth mit diesem feinen äusserlichen Schein übereinstimme: Ich bitte dich also, (und ich will deine Mühe reichlich belohnen,) verheele was ich bin, und verhilf mir zu einer Verkleidung, die meinen Absichten beförderlich seyn mag. Ich will mich in die Dienste dieses Herzogs begeben; stelle mich ihm als einen Castraten vor; es kan deiner Mühe werth seyn; ich kan singen, ich spiele verschiedene Instrumente, und bin also nicht ungeschikt ihm die Zeit zu verkürzen; was weiter begegnen kan, will ich der Zeit überlassen; nur beobachte du auf deiner Seite ein gänzliches Stillschweigen über mein Geheimniß.

Capitain. Seyd ihr sein Castrat, ich will euer Stummer seyn. Verlaßt euch auf meine Redlichkeit.

Viola. Ich danke dir; führe mich weiter.

(Sie gehen ab.)

Dritte Scene

Verwandelt sich in ein Zimmer in Olivias Hause.

Sir Tobias und Maria treten auf.

Vierte Scene

Sir Andreas zu den Vorigen.

Der Character des Sir Tobias und seines Freundes gehört in die unterste Tiefe des niedrigen Comischen; ein paar mäßige, lüderliche, rauschichte Schlingels, deren platte Scherze, Wortspiele und tolle Einfälle nirgends als auf einem Engländischen Theater, und auch da nur die Freunde des Ostadischen Geschmaks und den Pöbel belustigen können. Wir lassen also diese Zwischen-Scenen um so mehr weg, als wir der häuffigen Wortspiele wegen, öfters Lüken machen müßten. Alles was in diesen beyden Scenen einigen Zusammenhang mit unserm Stüke hat, ist dieses, daß Sir Tobias seinen Zechbruder, Sir Andreas, als einen Liebhaber der schönen Olivia ins Haus einführt und ganz ernsthaft der Meynung ist, daß sie ein recht artiges wohlzusammengegattetes Paar ausmachen würden; und daß Jungfer Maria den würdigen Oheim ihrer Dame höflich ersucht, um seiner Gesundheit willen sich weniger zu besauffen; und um der Ehre des Hauses willen, seine Bacchanalien nicht so tief in die Nacht hinein zu verlängern.

Fünfte Scene

Verwandelt sich in den Pallast.

Valentin, und Viola in Mannskleidern, treten auf.

Valentin. Wenn der Herzog fortfährt euch so zu begegnen wie bisher, Cäsario, so werdet ihr in kurzem einen grossen Weg machen; er kennt euch kaum drey Tage, und er begegnet euch schon, als ob es so viele Jahre wären.

Viola. Ihr müßt entweder seiner Laune oder meiner Aufführung nicht viel gutes zutrauen, wenn ihr die Fortsezung seiner Gunst in

Zweifel ziehet. Ist er denn so unbeständig in seinen Zuneigungen, mein Herr?

Valentin. Nein, das ist er nicht.

Der Herzog, Curio und Gefolge treten auf.

Viola. Ich danke euch; hier kommt der Herzog.

Herzog. Sah keiner von euch den Cäsario, he?

Viola. Hier ist er, Gnädigster Herr, zu Befehl.

Herzog *(zu den andern.)* Geht ihr ein wenig auf die Seite – – Cäsario, du weist bereits nicht weniger als alles; ich habe dir das Innerste meines Herzens entfaltet. Geh also zu ihr, mein guter Junge; laß dich nicht abweisen, postiere dich vor ihrer Thüre, und sag ihr, du werdest da wie eingewurzelt stehen bleiben, bis sie dir Gehör gebe.

Viola. Gnädigster Herr, wenn sie sich ihrer Betrübniß so sehr überläßt, wie man sagt, so ist nichts gewissers, als daß sie mich nimmermehr vorlassen wird.

Herzog. Du must ungestüm seyn, schreyen, und eher über alle Höflichkeit und Anständigkeit hinüberspringen, als unverrichteter Sachen zurük kommen.

Viola. Und gesezt, ich werde vorgelassen, Gnädigster Herr, was soll ich sagen?

Herzog. O dann entfalte ihr die ganze Heftigkeit meiner Liebe; preise ihr meine ungemeine Treue an; es wird dir wol anstehen, ihr mein Leiden vorzumahlen; sie wird es von einem jungen Menschen, wie du, besser aufnehmen, und mehr darauf Acht geben, als wenn ich einen Unterhändler von ernsthafteren Ansehen gebrauchte.

Viola. Ich denke ganz anders, Gnädigster Herr.

Herzog. Glaube mir's, mein lieber Junge; deine Jugend wäre schon genug, diejenigen lügen zu heissen, die dich einen Mann nennten. Dianens Lippen sind nicht sanfter und rubinfarbiger als die deinigen; deine Stimme ist wie eines Mädchens, zart und hell, und dein ganzes Wesen hat etwas weibliches an sich. Ich bin gewiß, du bist unter einer Constellation gebohren, die dich in solchen Unterhandlungen glüklich macht; du wirst meine Sache besser führen, als ich selbst thun könnte. Geh also, sey glüklich in deiner Verrichtung, und du sollst alles was mein ist, dein nennen können.

Viola. Ich will mein Bestes thun, Gnädigster Herr – – *(vor sich.)* Eine beschwerliche Commission! Ich soll ihm eine andre kuppeln, und wäre lieber selbst sein Weib.

(Sie gehen ab.)

Sechste Scene

Olivia's Haus.

Maria und der Narr vom Hause treten auf.

Maria schilt den Narren aus, daß er so lange ausgeblieben, und sagt ihm, die Gnädige Frau werde ihn davor hängen lassen. Der Narr erwiedert dieses Compliment mit Einfällen, an denen der Leser nichts verliehrt; man weiß daß auch der allersinnreichste und unerschöpflichste Hans Wurst doch endlich genöthiget ist, sich selbst zu wiederholen, so gut als ein andrer wiziger Kopf; und so geht es Shakespears Clowns oder Narren von Profeßion auch; sie haben ihre locos communes, auf denen sie wie auf Steken-Pferden herumreiten, wenn ihnen nichts bessers einfallen will; und dieser wird endlich der Zuhörer und der Leser satt.

Siebende Scene

Olivia und Malvolio zu den Vorigen.

Narr. O Verstand, sey so gut und hilf mir den Narren machen – – Diese gescheidten Leute, welche sich einbilden sie haben dich, beweisen sehr oft daß sie Narren sind; und ich, bey dem es ausgemacht ist, daß ich dich nicht habe, mag für einen weisen Mann gelten. Denn was sagt Quinapalus? Besser ein wiziger Narr, als ein närrischer Wizling! Guten Tag, Frau!

Olivia. Schaft mir den Narren weg.

Narr. Hört ihr's nicht, Kerls? Schaft mir die Frau weg.

Olivia. O, geh; du bist ein trokner Narr; ich habe deiner genug; zu allem Ueberfluß wirst du zu deiner Albernheit noch ungesittet.

Narr. Das sind zween Fehler, die sich durch guten Rath und einen Krug Halb-Bier verbessern lassen. Denn, gebt dem troknen Narren zu trinken, so ist der Narr nicht mehr troken: Sagt dem ungesitteten Menschen, wie er sich verbessern soll, so wird er nicht länger ungesittet seyn. Alle Dinge in der Welt, die man ausbessert, werden geflikt; Tugend, die sich vergeht, ist nur mit Sünde geflikt; und Sünde, die sich bessert, ist nur mit Tugend geflikt. Wenn dieser einfältige Syllogismus die Sache ausmacht, wol gut; wo nicht, was ist zu thun? Gleichwie kein andrer wahrer Hahnrey ist als Elend; so ist Schönheit eine vergängliche Blume: Die Gnädige Frau sagte, man solle den Narren wegschaffen, also sag ich noch einmal, schafft sie weg.

Olivia. Sir, ich befahl daß man euch wegschaffen sollte.

Narr. Mißverstand im höchsten Grade Gnädiges

Fräulein, *cucullus non facit monachum;* das ist auf Deutsch: Mein Hirn sieht nicht so buntschekicht aus als mein Rok: Liebe Madonna, wollt ihr mir erlauben, euch zu beweisen, daß ihr eine Närrin seyd?

Olivia. Wie willt du das machen?

Narr. Gar geschikt, gute Madonna.

Olivia. Nun, so beweise dann.

Narr. Ich muß euch vorher catechisieren, Madonna, wenn ihr mir antworten wollt.

Olivia. Gut, Sir, so schlecht der Zeitvertrieb ist, so wollen wir doch euern Beweis hören.

Narr. Gute Madonna, warum traurest du?

Olivia. Um meinen Bruder, guter Narr.

Narr. Ich denke, seine Seele ist also in der Hölle, Madonna?

Olivia. Ich weiß, seine Seele ist im Himmel, Narr.

Narr. Eine desto grössere Närrin seyd ihr, Madonna, dafür zu trauern, daß euer Bruder im Himmel ist; schaft mir die Närrin weg, meine Herren.

Olivia. Was denkt ihr von diesem Narren, Malvolio? Verbessert er sich nicht?

Malvolio. Ja, und wird sich verbessern bis ihm die Seele ausgehen wird. Zunehmende Jahre machen den vernünftigen Mann abnehmen, und verbessern hingegen den Narren, weil er je älter je närrischer wird.

Narr. Gott send' euch ein frühzeitiges Alter, Herr, um eure Narrheit desto bälder zu ihrer Vollkommenheit zu bringen! Sir Tobias würde schwören wenn man's verlangte, daß ich kein Fuchs sey; aber er würde sich nicht für zwey Pfenninge verbürgen, daß ihr kein Narr seyd.

Olivia. Was sagt ihr hiezu, Malvolio?

Malvolio. Mich wundert, wie Eu. Gnaden an einem so abgeschmakten Schurken ein Belieben finden kan; ich sah ihn erst gestern von einem alltäglichen Narren, der nicht mehr Hirn hatte als ein Stein, zu Boden gelegt. Seht nur, er weiß sich schon nicht mehr zu helfen; wenn ihr nicht vorher schon lacht, und ihm die Einfälle die er haben soll auf die Zunge legt, so steht er da, als ob er geknebelt wäre. Ich versichre, diese gescheidte Leute, die über die albernen Frazen dieser Art von gedungenen Narren so krähen können, sind in meinen Augen die Narren der Narren.

Olivia. O, ihr seyd am Eigendünkel krank, Malvolio, und habt einen ungesunden Geschmak. Edelmüthige, schuldlose und aufgeräumte Leute sehen diese Dinge für Vögel-Schrot an, die euch Canon-Kugeln scheinen; ein Narr von Profeßion kan niemand beschimpfen, wenn er gleich nichts anders thut als spotten; so wie ein Mann von bekannter Klugheit niemals spottet, wenn er gleich nichts anders thäte als tadeln.

Maria zu den Vorigen.

Maria. Gnädige Frau, es ist ein junger Herr vor der Thüre, der ein grosses Verlangen trägt, mit Euer Gnaden zu sprechen.

Olivia. Von dem Grafen Orsino, nicht wahr?

Maria. Ich weiß es nicht, Gnädige Frau, er ist ein hübscher junger Mann, und er macht Figur.

Olivia. Wer von meinen Leuten unterhält ihn?

Maria. Sir Tobias, Gnädige Frau, euer Oehm.

Olivia. Macht daß ihr ihn auf die Seite bringt, ich bitte euch; er spricht nichts als tolles Zeug; der garstige Mann! Geht ihr, Malvolio; wenn es eine Gesandschaft vom Grafen ist, so bin ich krank oder nicht bey Hause: Sagt was ihr wollt, um seiner los zu werden.

(Malvolio geht ab.)

Ihr seht also, Sir, eure Narrheit wird alt und gefällt den Leuten nicht mehr.

Narr. Du hast unsre Parthey genommen, Madonna, als ob dein ältester Sohn zu einem Narren bestimmt wäre; Jupiter füll' ihm seinen Schedel mit Hirn aus! Hier kommt einer von deiner Familie, der eine sehr schwache *pia mater* hat – –

Achte Scene

Sir Tobias zu den Vorigen.

Olivia. Auf meine Ehre, halb betrunken. Wer ist vor der Thür, Onkel?

Sir Tobias. Ein Edelmann.

Olivia. Ein Edelmann? Was für ein Edelmann?

Sir Tobias. Ein Mutter-Söhnchen, dem Ansehen nach – – der Henker hole diese Pikelhäringe! Was machst du hier, Dumkopf?

Narr. Guter Sir Toby – –

Olivia. Onkel, Onkel, wie kommt ihr schon so früh zu dieser Lethargie?

Sir Tobias. Es ist einer vor der Pforte, sag ich.

Olivia. Nun, wer ist er denn?

Sir Tobias. Er kan meinethalb der Teufel selber seyn, wenn er will, was bekümmert mich's; glaubt mir was ich sage. Gut, es ist all eins.

(Er geht ab.)

Olivia. Wem ist ein berauschter Mann gleich, Narr?

Narr. Einem Narren, einem Ertrunknen und einem Rasenden. Das erste Glas über das was genug ist macht ihn närrisch; das zweyte macht ihn rasend; und das dritte ertränkt ihn gar.

Olivia. So kanst du nur gehen und ein *visum repertum* über meinen Oehm machen lassen; er ist würklich im dritten Grade der Trunkenheit; er ist ertrunken; geh, sieh zu ihm.

Narr. Er ist dermalen erst toll, Madonna, und der Narr wird gehn und zu dem Tollhäusler sehen.

(Er geht ab.)

Malvolio zu den Vorigen.

Malvolio. Gnädige Frau, der junge Bursche schwört, daß er mit euch reden wolle. Ich sagte ihm, ihr befändet euch nicht wohl; er antwortet, so komme er eben recht, denn er habe ein vortrefliches Arcanum gegen dergleichen Unpäßlichkeiten. Ich sagte ihm, ihr schliefet, aber es scheint er habe das auch vorher gewußt, und will deßwegen mit euch sprechen. Was soll man ihm sagen, Gnädige Frau? Er will sich schlechterdings nicht abweisen lassen.

Olivia. Sagt ihm, er solle mich nicht zu sprechen kriegen.

Malvolio. Das hat man ihm gesagt; und seine Antwort ist, er wolle vor eurer Pforte stehen bleiben wie eine Säule, er wolle das Fußgestell zu einer Bank abgeben; aber er wolle mit euch sprechen.

Olivia. Von was für einer Gattung Menschen-Kindern ist er?

Malvolio. Wie, von der männlichen.

Olivia. Aber was für eine Art von einem Mann?

Malvolio. Von einer sehr unartigen; er will mit euch reden, ihr mögt wollen oder nicht.

Olivia. Wie sieht er aus, und wie alt mag er seyn?

Malvolio. Nicht alt genug, einen Mann und nicht jung genug, einen Knaben vorzustellen; mit einem Wort, ein Mittelding zwischen beyden, ein hübsches, wohlgemachtes Bürschgen, und er spricht ziemlich nasenweise; man dächte, er habe noch was von seiner Mutter Milch im Leibe.

Olivia. Laßt ihn kommen; ruft mir mein Mädchen.

Malvolio. Jungfer, die Gnädige Frau ruft.

(Er geht ab.)

Neunte Scene

Maria tritt auf.

Olivia. Gieb mir meinen Schleyer: Komm, zieh ihn über mein Gesicht: Wir wollen doch noch einmal hören, was Orsino's Gesandtschaft anzubringen haben wird.

Viola zu den Vorigen.

Viola. Wo ist die Gnädige Frau von diesem Hause?

Olivia. Redet mit mir, ich will für sie antworten; was wollt ihr?

Viola. Allerglänzendste, auserlesenste und unvergleichlichste Schönheit – – ich bitte euch, sagt mir, ob das die Frau vom Hause ist, denn ich sah sie noch niemals. Es wäre mir leid, wenn ich meine Rede umsonst gehalten hätte; denn ausserdem daß sie über die maassen wol gesezt ist, so hab ich mir grosse Mühe gegeben, sie auswendig zu lernen. Meine Schönen, eine deutliche Antwort; ich bin sehr kurz angebunden, wenn mir nur im geringsten mißbeliebig begegnet wird.

Olivia. Woher kommt ihr, mein Herr?

Viola. Ich kan nicht viel mehr sagen als ich studiert habe und diese Frage ist nicht in meiner Rolle. Mein gutes junges Frauenzimmer, gebt mir hinlängliche Versicherung daß ihr die Frau von diesem Hause seyd, damit ich in meiner Rede fortfahren kan.

Olivia. Seyd ihr ein Comödiant?

Viola. Nein, vom innersten meines Herzens wegzureden; und doch schwör' ich bey den Klauen der Bosheit, ich bin nicht was ich vorstelle. Seyd ihr die Frau vom Hause?

Olivia. Wenn ich mich selbst nicht usurpiere, so bin ich's.

Viola. Unfehlbar, wenn ihr sie seyd, usurpiert ihr euch selbst; denn was euer ist um es wegzugeben, das kömmt euch nicht zu, für euch selbst zurük zu behalten; doch das ist aus meiner Commißion. Ich will den Eingang meiner Rede mit euerm Lobe machen, und euch dann das Herz meines Auftrags entdeken.

Olivia. Kommt nur gleich zur Hauptsache; ich schenke euch das Lob.

Viola. Desto schlimmer für mich; ich gab mir so viele Müh es zu studieren, und es ist so poetisch!

Olivia. Desto mehr ist zu vermuthen, daß es übertrieben und voller Dichtung ist. Ich bitte euch, behaltet es zurük. Ich hörte, ihr machtet euch sehr unnüze vor meiner Thüre, und ich erlaubte euch den Zutritt mehr aus Fürwiz euch zu sehen, als euch anzuhören. Wenn ihr nicht toll seyd, so geht; wenn ihr Verstand habt, so macht's kurz; es ist gerade nicht die Monds-Zeit bey mir, da ich Lust habe in einem so hüpfenden Dialog' eine Person zu machen.

Maria. Wollt ihr eure Segel aufziehen, junger Herr, hier ligt euer Weg.

Viola. Nein, ehrlicher Schiffs-Junge, ich werde hier noch ein wenig Flott machen.

Olivia. Was habt ihr dann anzubringen?

Viola. Ich bin ein Deputierter.

Olivia. Wahrhaftig, ihr müßt etwas sehr gräßliches zu sagen haben, da eure Vorrede so fürchterlich ist. Redet was ihr zu reden habt.

Viola. Es bezieht sich allein auf euer eignes Ohr. Ich bringe keine Kriegs-Erklärung; ich trage den Oelzweig in meiner Hand, und meine Worte sind eben so friedsam als gewichtig.

Olivia. Und doch fienget ihr unfreundlich genug an. Wer seyd ihr? Was wollt ihr?

Viola. Wenn ich unfreundlich geschienen habe, so ist es der Art wie ich empfangen wurde, zuzuschreiben. Was ich bin und was ich will, das sind Dinge, die so geheim sind wie eine Jungferschaft; für euer Ohr, Theologie; für jedes andre, Profanationen.

Olivia. Laßt uns allein. *(Maria geht ab.)* Wir wollen diese Theologie hören. Nun, mein Herr, was ist euer Text?

Viola. Allerliebstes Fräulein – –

Olivia. Eine trostreiche Materie, und worüber sich viel sagen läßt. Wo steht euer Text?

Viola. In Orsino's Busen.

Olivia. In seinem Busen? In was für einem Capitel seines Busens?

Viola. Um in der nemlichen Methode zu antworten, im ersten Capitel seines Herzens.

Olivia. O, das hab' ich gelesen; es ist Kezerey. Ist das alles was ihr zu sagen habt?

Viola. Liebe Madam, laßt mich euer Gesicht sehen.

Olivia. Habt ihr Commission von euerm Herrn, mit meinem Gesicht Unterhandlungen zu pflegen? Ihr geht izt zwar über euern Text hinaus; aber wir wollen doch den Vorhang wegziehen, und euch das Gemählde zeigen. Seht ihr, mein Herr; so eines trag' ich dermahlen; ist's nicht wohl gemacht?

(Sie enthüllt ihr Gesicht.)

Viola. Vortrefflich, wenn Gott alles gemacht hat.

Olivia. Davor steh ich euch; es ist von der guten Farbe; es hält Wind und Wetter aus.

Viola. O, gewiß kan nur die schlaue und anmuthreiche Hand der Natur weiß und roth auf eine so reizende Art auftragen, und in einander mischen – – Gnädiges Fräulein, ihr seyd die grausamste Sie in der ganzen Welt, wenn ihr solche Reizungen ins Grab tragen wollt, ohne der Welt eine Copey davon zu lassen.

Olivia. O, mein Herr, so hartherzig will ich nicht seyn; ich will verschiedene Vermächtnisse von meiner Schönheit machen. Es soll ein genaues Inventarium davon gezogen, und jedes besondre Stük meinem Testament angehängt werden. Als, item, zwo erträglich rothe Lippen. Item, zwey blaue Augen, mit Augliedern dazu. Item, ein Hals, ein Kinn, und so weiter. Seyd ihr hieher geschikt worden, mir eine Lobrede zu halten?

Viola. Ich sehe nun, was ihr seyd; ihr seyd zu spröde; aber wenn ihr der Teufel selbst wäret, so muß ich gestehen, daß ihr schön seyd. Mein Gebieter und Herr liebt euch: O! eine Liebe, wie die seinige, könnte mit der eurigen, mehr nicht als nur belohnt werden, und wenn ihr zur Schönsten unter allen Schönen des Erdbodens gekrönt worden wäret.

Olivia. Wie liebt er mich dann?

Viola. Mit einer Liebe, die bis zur Abgötterey geht, mit immer fliessenden Thränen, mit liebe-donnerndem Aechzen und Seufzern von Feuer.

Olivia. Euer Herr weiß meine Gesinnung schon, er weiß daß ich ihn nicht lieben kan. Ich zweifle nicht daß er tugendhaft, und ich weiß daß er edel, von grossem Vermögen, von frischer und unverderbter Jugend ist; er hat den allgemeinen Beyfall vor sich, und ist reizend von Gestalt; aber ich kan ihn nicht lieben; ich hab es ihm schon gesagt, und er hätte sich meine Antwort auf diesen neuen Antrag selbst geben können.

Viola. Wenn ich euch liebte wie mein Herr, mit einer so quälenden, so verzehrenden Liebe, so würd' ich mich durch eine solche Antwort nicht abweisen lassen; ich würde gar keinen Sinn in ihr finden.

Olivia. Wie, was thätet ihr denn?

Viola. Ich würde Tag und Nacht vor eurer Thüre ligen, und so lange hinein ruffen bis mir der Athem ausgienge: ich würde klägliche Elegien über meine unglükliche Liebe machen, und sie selbst in der Todesstille der Nacht laut vor euerm Fenster singen; euern Namen den zurükschlagenden Hügeln entgegen ruffen, und die schwazhafte Gevatterin der Luft *(die Echo)* an Olivia sich heiser schreyen machen! O ich wolte euch nirgends Ruhe lassen, bis ihr Mitleiden mit mir hättet.

Olivia. Ihr könntet es vielleicht weit genug bringen. Was ist euer Stand?

Viola. Ueber meine Glüks-Umstände, doch bin ich zufrieden; ich bin ein Edelmann.

Olivia. Kehrt zu euerm Herrn zurük; ich kan ihn nicht lieben; er soll mich mit seinen Gesandtschaften verschonen; ausser ihr wolltet noch einmal zu mir kommen, um mir zu sagen, wie er meine Erklärung aufgenommen hat; lebt wohl; ich dank' euch für eure Mühe: nemmt diß zu meinem Andenken – –

Viola. Ich bin kein Bote der sich bezahlen läßt; Gnädiges Fräulein, behaltet euern Beutel: Mein Herr, nicht ich, bedarf eurer Gütigkeit. Möchte sein Herz von Kieselstein seyn, und ihr so heftig in ihn verliebt werden, als er's ist, damit ihr die ganze Qual einer verschmähten Liebe fühltet! Lebt wohl, schöne Unbarmherzige!

(Sie geht ab.)

Olivia *(allein.)* Was ist euer Stand? Ueber meine Glüks-Umstände, doch bin ich zufrieden; ich bin ein Edelmann – – Ich wollte schwören daß du es bist! Deine Sprache, dein Gesicht, deine Gestalt, deine Gebehrden und dein Geist machen eine fünffache Ahnen-Probe für dich – – nicht zu hastig – – sachte! Sachte! – – Es müßte dann bestimmt seyn – – wie, was für Gedanken sind das? Kan man so plözlich angestekt werden? Es ist mir nicht anders, als fühlt' ich die Annehmlichkeiten dieses jungen Menschen, mit unsichtbarem leisem Tritt zu meinen Augen hineinkriechen. Gut, laßt es gehn – – He, Malvolio! – –

Malvolio tritt auf.

Malvolio. Hier, Gnädige Frau, zu euerm Befehl.

Olivia. Lauffe diesem nemlichen wunderlichen Abgesandten, des Herzogs seinem Diener, nach; er ließ diesen Ring zurük, ich wollte oder wollte nicht; sag ihm, ich woll' ihn schlechterdings nicht. Ersuch ihn, seinem Herrn nicht zu schmeicheln, und ihn nicht mit falschen Hoffnungen aufzuziehen; ich sey nicht für ihn: wenn der junge Mensch morgen dieser Wege kommt, will ich ihm Ursachen dafür geben. Eile, Malvolio.

Malvolio geht ab.

Olivia. Ich thue etwas, und weiß selbst nicht was; ich besorge, ich besorge, meine Augen haben mein Herz überrascht! Schiksal, zeige deine Macht: Wir sind nicht Herren über uns selbst; was beschlossen ist, muß seyn, und so sey es dann!

(Sie geht ab.)

Zweyter Aufzug

Erste Scene

Die Strasse.

Antonio und Sebastiano treten auf.

Antonio. Ihr wollt also nicht länger bleiben? Und ihr wollt auch nicht erlauben, daß ich mit euch gehe?

Sebastiano. Nein, verzeiht mir's; meine Sterne scheinen dunkel über mir; der mißgünstige Einfluß meines Schiksals möchte auch das eurige ansteken; erlaubt mir also, daß ich mich von euch beurlaube, um mein Unglük allein zu tragen. Es würde eine schlechte Belohnung für eure Freundschaft seyn, wenn ich euch auch nur den kleinsten Theil davon auflegen wollte.

Antonio. Laßt mich wenigstens nur wissen, wohin ihr gehen wollt.

Sebastiano. Meine Reise ist in der That nichts anders, mein Herr, als ein wunderlicher Einfall, ohne besondere Absicht – – Doch diese edle Bescheidenheit, womit ihr euch zurükhaltet, mir abzunöthigen, was ich, wie ihr merket, gerne bey mir behalten wollte, verbindet mich, von selbst näher gegen euch heraus zu gehen. Wisset also, Antonio, daß mein Name Sebastiano und nicht Rodrigo ist, wie ich vorgab; mein Vater war dieser Sebastiano von Messaline, von dem ihr ohne Zweifel gehört haben müßt. Er hat mich mit einer Schwester hinterlassen, die in der nemlichen Stunde mit mir gebohren worden; möcht' es dem Himmel gefallen haben, daß wir auch ein solches Ende genommen hätten. Aber ihr, mein Herr, verhindertet das; denn ungefehr eine Stunde, eh ihr mich aus dem Schiffbruch aufnahmet, war meine Schwester ertrunken.

Antonio. Ich bedaur' euch von Herzen.

Sebastiano. Eine junge Dame, mein Herr, welche, ob man gleich eine sonderbare Aehnlichkeit zwischen ihr und mir finden wollte, doch von vielen für schön gehalten wurde; und wenn ich gleich über diesen Punkt nicht zu leichtgläubig seyn möchte, so darf ich hingegen kühnlich von ihr behaupten, daß sie ein Gemüthe hatte, das der Neid selbst nicht anders als schön nennen könnte: Nun ist sie ertrunken, mein Herr, und ihr Andenken preßt mir Thränen aus, die ich nicht zurükhalten kan.

Antonio. Vergebet mir, mein Herr, daß ihr nicht besser bedient worden seyd.

Sebastiano. O mein allzugütiger Antonio; vergebet mir die Unruhe die ich euch gemacht habe.

Antonio. Wenn ihr mich für meinen guten Willen nicht ermorden wollt, so laßt mich euer Diener seyn.

Sebastiano. Wenn ihr eure Wohlthat nicht wieder vernichten, und ein Leben wieder nehmen wollt, das ihr erhalten habt, so muthet mir das nicht zu. Lebt wohl auf immer; mein Herz ist zu sehr gerührt, als daß ich mehr sagen könnte; meine Augen reden für mich – – Ich muß an des Herzogs Orsino Hof; Lebet wohl.

(Er geht ab.)

Antonio. Die Huld aller Götter begleite dich! Ich habe mir Feinde an Orsino's Hofe gemacht, sonst solltest du mich dort bald in deinem Wege finden: Und doch, es entstehe daraus was immer will, ich liebe dich so sehr daß mich keine Gefahr abschreken kan; ich will gehen.

(Geht ab.)

Zweyte Scene

Viola *(allein.)* Ich ließ keinen Ring bey ihr ligen; was meynt diese Dame damit? Das Unglük wird doch nicht wollen, daß ihr meine Gestalt in dieser Verkleidung gefährlich gewesen! Sie schien mich mit günstigen Augen anzusehen, in der That, so sehr, daß ihre Augen ihre Zunge verhext und gelähmt zu haben schienen; denn sie sprach sehr zerstreut und ohne Zusammenhang – – Sie liebt mich, so ist es; und der Auftrag den sie diesem plumpen Abgesandten gemacht, ist ein Kunstgriff, mir ihre Liebe auf eine feine Art zu erkennen zu geben – – Sie will keinen Ring von meinem Herrn; wie? er schikte ihr ja keinen; ich bin der Mann – – Wenn es so ist, (und es ist so) das arme Fräulein! so wär es noch besser für sie, in ein blosses Phantom verliebt zu seyn. Verkleidungen sind, wie ich sehe, eine Gelegenheit, deren Satan sich wol zu bedienen weiß. Wie wenig es braucht, um in ein wächsernes Weiber-Herz Eindruk zu machen! Himmel! daran hat unsre Gebrechlichkeit Schuld, nicht wir; wenn wir so gemacht sind, was können wir dafür, daß wir so sind? – – Aber wie wird sich das zusammen schiken? Mein Herr liebt sie aufs äusserste; ich, arme Mißgestalt, bin eben so stark von ihm bethört; und sie, durch den Schein betrogen, seufzt um mich. Was wird aus diesem allem werden? In so fern ich ein Mann bin, könnte meine Liebe zu Orsino in keinem verzweifeltern Zustand seyn; in so fern ich ein Mädchen bin, wie viele vergebliche Seufzer wird die arme Olivia aushauchen! Hier ist lauter Hoffnunglose Liebe, auf allen Seiten. O Zeit, du must diß entwikeln, nicht ich; es ist ein Knoten, der zu hart verschlungen ist, als daß ich ihn auflösen könnte.

(Sie geht ab.)

Dritte Scene

Verwandelt sich in Olivias Haus.

Sir Tobias und Sir Andreas, nebst dem Narren.

Vierte Scene

Maria, und endlich auch Malvolio zu den Vorigen.

Diese beyden Zwischen-Scenen sind der Uebersezung unwürdig, und eines Aufzugs unfähig.

Fünfte Scene

Verwandelt sich in den Pallast.

Der Herzog, Viola, Curio, und andre.

Herzog. Macht mir ein wenig Musik; nun guten Morgen, meine Freunde: Wie, mein wakrer Cäsario, in der That, das Stükchen, das alte ehrliche Gassen-Liedchen, das wir lezte Nacht hörten, machte mir leichter ums Herz als diese flüchtigen Läuffe, diese studierten Säze einer rauschenden und schwindlicht sich im

Kreise herumdrehenden Symphonie – – Kommt, nur eine Strophe – –

Curio. Gnädigster Herr, es ist niemand da, der es singen könnte.

Herzog. Wer sang es denn gestern?

Curio. Fest, der Pikelhäring, der Narr, mit dem der Gräfin Olivia Vater soviel Kurzweil hatte. Er ist ausgegangen.

Herzog. Sucht ihn auf, und spielt indessen die Melodie. Komm hieher, Junge: wenn du jemals erfahren wirst was Liebe ist, so denk' in ihren süssen Beklemmungen an mich; so wie ich bin, sind alle Liebhaber: unstät und launisch in allen andern Vorstellungen, als allein in dem Bilde des Geliebten, das immer vor ihren Augen schwebt – – wie gefällt dir dieser Ton?

Viola. Er giebt ein wahres Echo von dem Siz, wo die Liebe thront.

Herzog. Du sprichst meisterlich. Ich seze mein Leben dran, dein Herz ist nicht so unerfahren als du jung bist; du hast geliebt, nicht wahr, Junge?

Viola. Ein wenig, Gnädigster Herr.

Herzog. Von was für einer Gattung Weibsbilder ist sie?

Viola. Sie sieht Eu. Gnaden gleich.

Herzog. So ist sie deiner nicht werth. Wie alt, ernsthafter Weise?

Viola. Von euerm Alter, Gnädigster Herr.

Herzog. So ist sie zu alt; ein Weibsbild soll immer einen ältern nehmen als sie ist, so daurt sie ihn aus, und ist sicher, ihren Plaz in ihres Mannes Herzen immer zu behalten. Denn, glaube mir, Junge, wir mögen uns so schön machen als wir wollen, so sind doch unsre Zuneigungen immer weit schwindlichter, unsteter, schwankender, und leichter abgenuzt und verlohren, als der Weiber ihre.

Viola. Das denk' ich selbst, Gnädigster Herr.

Herzog. Wähle dir also eine Liebste die jünger als du bist, oder deine Liebe wird von keiner Dauer seyn: Denn Weiber sind wie Rosen; in der nemlichen Stunde, da ihre schöne Blume sich völlig entfaltet, fällt sie ab.

Viola. Und so sind sie; wie schade, daß sie so sind! daß sie in dem Augenblik sterben, worinn sie den Punkt ihrer Vollkommenheit erreicht haben.

Curio und der Narr zu den Vorigen.

Herzog. O, komm du, guter Freund – – Das Lied von gestern Nachts – – Gieb Acht darauf, Cäsario, es ist alt und einfältig; die Spinnerinnen und Strikerinnen, wenn sie an der Sonne bey ihrer Arbeit sizen, und die muntern Webers-Mädchen, wenn sie zetteln, pflegen es zu singen; es ist ein läppisches, kindisches Ding, aber es sympathisiert mit der Unschuld der Liebe, wie man vor Alters liebte.

Narr. Seyd ihr fertig, Herr?

Herzog. Ja; sing, ich bitte dich.

Ein Lied.

Herzog. Hier ist was für deine Mühe.

Narr. Keine Mühe, Herr; singen ist ein Vergnügen für mich, Herr.

Herzog. So will ich dir dein Vergnügen bezahlen.

Narr. Das ist ein anders, Herr; Vergnügen will über kurz oder lange bezahlt seyn.

Herzog. Du kanst nun wieder gehen, so schnell du willst.

Narr. Nun, der melancholische Gott der Liebe behüte dich, und der Schneider mache dir ein Wamms von schielichtem Taft; denn dein Gemüth ist ein wahrer Opal. Leute von solcher Standhaftigkeit müßte man mir über Meer schiken, damit ihr Geschäfte allenthalben und ihr Ziel nirgends wäre; denn das ist gerade was man braucht, um von einer langen Reise nichts nach Hause zu bringen. Lebt wohl.

(Er geht ab.)

Sechste Scene

Herzog. Macht uns Plaz ihr andern – – Versuch es noch zum leztenmal, Cäsario; geh noch einmal zu dieser schönen Unerbittlichen; sag ihr, meine Liebe lege einer Menge von ausgebreiteten Erdschollen die man Ländereyen heißt, keinen Werth bey; sag ihr, die Güter die das Glük ihr zugelegt habe, seyen in meinen Augen so eitel als das Glük selbst; ihr Gemüth allein, dieses Wunder, dieses unvergleichliche Kleinod, das die Natur so schön gefaßt hat, ziehe meine Seele an, und wenn sie die ganze Welt zum Brautschaz hätte, so würde sie in meinen Augen nicht reizender seyn.

Viola. Aber wenn sie euch nun nicht lieben kan, Gn. Herr?

Herzog. Ich will keine solche Antwort haben.

Viola. Aber wie dann, wenn ihr müßt? Sezet den Fall, es gäbe eine junge Dame, wie es vielleicht eine giebt, die aus Liebe zu euch diese nemliche Quaal in ihrem Herzen fühlte, die ihr für Olivia fühlt; und ihr könntet sie nicht lieben, und ihr sagtet ihr das; müßte sie sich diese Antwort nicht gefallen lassen?

Herzog. Es giebt kein weibliches Herz das stark genug wäre, den Sturm einer so heftigen Leidenschaft auszuhalten, wie die meinige ist – – es giebt keines, das groß genug wäre, eine solche Liebe zu fassen. Ihre Liebe verdient mehr den Namen eines flüchtigen Gelusts, sie reizt nur ihren Gaumen, nicht ihre Leber, und endigt sich bald durch Ueberfüllungen Ekel und Abscheu; da die meinige hingegen so hungrig ist wie die See, und eben so viel verdauen kan. Mache keine Vergleichung zwischen der Liebe die ein Weibsbild für mich haben kan, und der meinigen für Olivia.

Viola. Gut, und doch weiß ich – –

Herzog. Was weißst du?

Viola. Nur zuwohl was für einer Liebe die Weibsbilder zu den Mannsleuten fähig sind. Aufrichtig zu reden, sie haben so getreue Herzen als wir immer. Mein Vater hatte eine Tochter die jemand so sehr liebte, als ich vielleicht, wenn ich ein Weibsbild wäre, Euer Gnaden lieben würde.

Herzog. Und was ist ihre Geschichte?

Viola. Ein weisses Blatt Papier: Nie entdekte sie ihre Liebe sondern ließ ihr Geheimniß, gleich einem Wurm in der Knospe, an ihrer Rosenwange nagen: Sie verschloß ihre Quaal in ihr Herz, und, in blasser hinwelkender Schwermuth, saß sie wie die Geduld auf einem Grabmal, und lächelte ihren Kummer an. War das nicht Liebe, wahre Liebe? Wir Männer mögen mehr reden, mehr schwören, aber daß wir besser lieben, daran läßt sich zweiffeln, ohne uns Unrecht zu thun; wir zeigen immer mehr als wir fühlen – – und unsre Liebe ist oft desto schwächer, je stärker wir sie ausdruken.

Herzog. Aber starb deine Schwester an ihrer Liebe, Junge?

Viola. Ich bin alle Töchter die von meines Vaters übrig sind, und alle Brüder dazu – – und doch weiß ich nicht – – Gnädigster Herr, soll ich zu dieser Dame gehen?

Herzog. Ja, das ist die Sache. Eile zu ihr; gieb ihr dieses Kleinod; sag ihr, meine Liebe könne und werde sich nicht abtreiben lassen.

(Sie gehen ab.)

Siebende, achte und neunte Scene

Die Scene ist in Olivias Garten.

Maria zu Sir Tobias, Sir Andreas und Fabian.

Maria. Geht, verbergt euch alle drey in die Laube dort; Malvolio kommt diesen Gang herauf; er stuhnd schon diese halbe Stunde lang dort in der Sonne, und gesticulirte gegen seinem eignen Schatten – – gebt auf ihn acht, ich bitte euch, ihr werdet Spaß davon haben: Denn ich bin sicher, dieser Brief wird ihn in die lächerlichste Betrachtungen versenken – – Haltet euch still, wenn ihr euch nicht selbst einen Spaß verderben wollt – – lieg du da – –

(Sie wirft den Brief hin, und entfernt sich.)

Malvolio tritt auf; mit sich selbst redend.

Malvolio. Es kommt alles aufs Glük an, alles aufs Glük! Maria sagte mir neulich, sie könne mich überaus wohl leiden, und ich habe selbst gehört, daß sie sich herausgelassen hat, wenn sie sich verlieben wollte, so müßt' es in einen von meiner Figur seyn. Ueberdem begegnet sie mir immer mit einer gewissen Achtung, das sie sonst für keinen von ihren Bedienten thut. Was soll ich von der Sache denken – – das wäre mir eins, Graf Malvolio – – Man hat doch dergleichen Exempel – – Die Princessin von Thracien heurathete einen Bedienten von der Garderobe – – Wenn ich dann drey Monate mit ihr verheurathet wäre, und sässe da auf meinem Guthe – – und rieffe meine Officianten um mich herum, in meinem ausgeschnittnen Samtnen Rok – – nachmittags, vom Ruhbette aufgestanden, wo ich Olivia schlafend gelassen hätte – – und dann nähm ich den Humor an den mein Stand erforderte; gienge, die Hände kreuzweis auf den Rüken gelegt, ganz ernsthaft auf und ab, schaute sie dann mit einem kalten, überhinfahrenden Blik an, und sagte ihnen, ich wisse wer ich sey, und wünschte, sie möchten auch wissen wer sie seyen –

fragte nach meinem Onkel Tobias – – Sechs oder Sieben von meinen Leuten führen dann plözlich auf, und rennten einander nieder vor Eilfertigkeit ihn aufzusuchen; indessen mach ich eine weil' ein finstres Gesicht, ziehe vielleicht meine Uhr auf, oder tändle mit dem Schaupfenning an der goldnen Kette, die ich um die Schultern hängen habe – – Dann kommt Tobias herbey, macht seine Verbeugungen sobald er mich erblikt – – ich streke meine Hand so gegen ihn aus, und lösche mein vertrauliches Lächeln mit einem strengen herrischen Blik – – sag ihm, Onkel Tobias, da mein Schiksal mich eurer Nichte zugeworfen hat, so hoff ich das Recht zu haben zu reden – – ihr müßt euer starkes Trinken lassen – – und zudem verderbt ihr eure kostbare Zeit mit einem närrischen Junker – – einem gewissen Sir Andreas – – He? was giebts hier zu thun? – – *(Er hebt den Brief auf.)* Bey meinem Leben, das ist der Gnädigen Frau ihre Hand: Das sind ihre natürlichen C., ihre U., und ihre T., und so macht sie ihre grosse P. Es ist ihre Hand, da ist nicht dawider einzuwenden – – *Dem Geliebten Ungenannten dieses und meine Zärtlichsten Wünsche:* Das ist ihre Schreib-Art: Mit Erlaubniß, Wachs. Sachte! Und das Sigel ihre Lucretia, mit der sie alle ihre Briefe zu sigeln pflegt: An wen mag das seyn?

Das ich lieb', ist euch, ihr Götter, kund;

aber wen, verschweige stets, mein Mund

Das soll also ein Geheimniß seyn? – – Seltsam! was folgt weiter? Aber wen, verschweige stets mein Mund – – wie wenn du das wärest, Malvolio? – – Sachte, hier haben wir auch Prosa – – „Wenn dieses in deine Hände kommt, so liese es mehr als ein mal. Mein Gestirn hat mich über dich gesezt, aber fürchte dich nicht vor Grösse; einige werden groß gebohren, andre arbeiten sich zu Grösse empor, andern wird sie zugeworffen. Dein glükliches Schiksal öffnet seine Arme gegen dich; habe den Muth ihm entgegen zu eilen; und um dich bey Zeiten an das zu gewöhnen, was du wahrscheinlicher Weise werden wirst, so wirf dein allzu demüthiges Betragen von dir, und zeige dich in einem vortheilhaftern Lichte. Begegne meinem Vetter zuversichtlich, und den Bedienten trozig; rede von Staats-Sachen; nimm in allen Stüken etwas sonderliches an. Das ist der Rath derjenigen, die für dich seufzet. Erinnre dich, wer dir rieth gelbe Strümpfe zu tragen und sie unter dem Knie zu binden. Ich sag', erinnre dich daran; *Geh, geh, du bist ein gemachter Mann, wenn du nur willst: Wo nicht, so bleibe dann dein Lebenlang ein Hausmeister, der Camerad von Bedienten und unwürdig Fortunens Finger zu berühren. Adieu. Sie, die geneigter ist, deine Sclavin zu seyn, als dir zu gebieten, o glüklicher*

Sterblicher" – – Sonnenlicht kan nichts klärer machen als das ist – – Das heiß' ich klar. Ja, ich will stolz seyn, ich will politische Bücher lesen, ich will Sir Tobiesen scheeren, ich will mit meinen vorigen Bekannten thun, als kennt' ich sie nicht, kurz, ich will thun, wie mein Herr selbst. Es ist offenbar, daß ich mir nicht zu viel schmeichle, daß es keine blosse Einbildung ist; alles überzeugt mich, daß die Gnädige Frau verliebt in mich ist. Sie ermahnte mich lezthin gelbe Strümpfe zu tragen, sie lobte meine Beine – – und hier haben wir's wiederum, und auf eine Art, als ob sie es für eine Gefälligkeit aufnehmen wolle, wenn ich mich nach ihrem Geschmak puze. Dank sey meinen Sternen, ich bin glüklich: Ich will so fremde thun, daß man mich nicht mehr kennen soll, gelbe Strümpfe tragen, und sie unter den Knien binden, und das gleich diesen Augenblik. Jupiter und mein Gestirn sey gepriesen! – – Hier ist noch ein Postscript – – *Es ist unmöglich daß du nicht errathen solltest wer ich bin – – wenn dir meine Liebe angenehm ist, so zeig es durch dein Lächeln; das Lächeln läßt dir gar zu gut. Lächle also immer in meiner Gegenwart, mein Allerliebster, ich bitte dich darum* – – Jupiter! ich danke dir! Ich will lächeln, ich will alles thun, was du von mir verlangst.

(ab.)

Dritter Aufzug

Erste Scene

Olivia's Garten.

Ein wiziger Wett-Kampf zwischen Viola und dem Narren.

Zweyte Scene

Sir Tobias mit seinem Freund, zu den Vorigen.

Bald darauf auch Olivia und Maria.

Dritte Scene

Olivia und Viola allein.

Olivia. Gebt mir eure Hand, mein Herr.

Viola. Mit meinen unterthänigsten Diensten, Gnädige Frau.

Olivia. Wie ist euer Name?

Viola. Cäsario ist euers Dieners Name, schöne Princessin.

Olivia. Meines Dieners, mein Herr? Die Welt hat ihre beste Anmuth verlohren, seitdem man erdichtete Gesinnungen Complimente nennt: Ihr seyd des Herzogs Orsino Diener, junger Mensch – –

Viola. Und also der eurige, Gnädige Frau. Der Diener euers Dieners, muß nothwendig auch euer Diener seyn.

Olivia. An ihn denk' ich nun gar nicht; ich wollte, seine Gedanken wären lieber gar leer als mit mir angefüllt.

Viola. Gnädige Frau, ich komme in der Absicht, eure schönen Gedanken zu seinem Vortheil zu wenden.

Olivia. O, mit eurer Erlaubniß, ich bitte euch – – Ich sagt' euch ja, ihr möchtet mir nichts mehr von ihm sagen. Ihr könntet eine andre Sayte rühren, wo ich euch lieber hören wollte als Musik aus dem Himmel.

Viola. Gnädige Frau – –

Olivia. Mit Erlaubniß, wenn ich bitten darf. Ich schikte euch, nach der lezten zaubrischen Erscheinung, die ihr hier machtet, einen Ring nach. Es war ein Schritt, dessen Bedeutung ihr nicht mißverstehen konntet, und der mich vielleicht in euern Augen herabgesezt hat. Was konntet ihr davon denken? Habt ihr deßwegen so nachtheilig von meiner Ehre gedacht als ein unempfindliches Herz denken kan? Einem von euerm Verstand, ist genug gesagt; ein Cypern, nicht ein Busen dekt mein armes Herz. Und nun laßt hören, was ihr zu sagen habt.

Viola. Ich bedaure euch.

Olivia. Das ist eine Stuffe zur Liebe.

Viola. Nicht allemal; wir bedauren oft sogar unsre Feinde.

Olivia. Wie dann, so ist es Zeit wieder zu lächeln. O Welt, wie geneigt die Armen sind stolz zu seyn! Wenn man ja zum Raube werden muß, so ist es doch besser durch einen Löwen zu fallen als durch einen Wolf. *(Die Gloke schlägt.)* Die Gloke wirft mir vor daß ich die Zeit verderbe. Fürchtet euch nicht, guter junger Mensch, ich mache keine Ansprüche an euch; und doch wenn Verstand und Jugend bey euch zur Reiffe gekommen seyn werden, so wird eure Frau, allem Ansehen nach, einen feinen Mann haben: Hier ligt euer Weg, westwärts.

Viola. So wünsch' ich Euer Gnaden Vergnügen und guten Humor; habt ihr mir nichts an meinen Herrn aufzugeben, Madam?

Olivia. Warte noch; ich bitte dich, sage mir was du von mir denkst?

Viola. Ich denke, ihr denkt ihr seyd nicht was ihr seyd.

Olivia. Wenn ich so denke, so denk ich das nemliche von euch.

Viola. Und so denkt ihr recht, ich bin nicht was ich bin.

Olivia. Ich wollt' ihr wäret wie ich euch wünschte.

Viola. Würd' ich besser seyn, Madam, als wie ich bin? Ich wollt es wäre so, denn izt bin ich euer Narr.

Olivia. Wie anmuthig selbst Verachtung und Zorn auf seinen schönen Lippen sizt. Mördrische Schuld verräth sich nicht schneller, als Liebe die sich verbergen will: Die Nacht der Liebe ist Mittag. Cäsario, bey den Rosen des Frühlings, bey meiner jungfräulichen Ehre und Treue, und bey allem in der Welt, ich liebe dich so sehr, daß, troz allem deinem spröden Wesen, weder Wiz noch Vernunft meine Leidenschaft verbergen kan. Erzwinge dir daher, daß ich dir mein Herz selbst antrage, keinen Grund es zu verschmähen; denke lieber so, (du wirst so richtiger denken) gesuchte Liebe ist gut; aber ungesucht geschenkt, ist sie noch besser.

Viola. Ich schwöre bey meiner Unschuld und Jugend, ich habe Ein Herz, Einen Busen, und Eine Treue, und diese hat kein Weibsbild; noch wird jemals Eine Meisterin davon seyn als ich selbst. Und hiemit, adieu, Gnädiges Fräulein; niemals werd' ich mich wieder gebrauchen lassen, euch meines Herrn Thränen vorzuweinen.

Olivia. Komm nichts desto minder wieder; vielleicht mag es dir endlich gelingen, dieses Herz, das izt seine Liebe verabscheut, zu einer zärtlichern Gesinnung zu bewegen.

(Sie gehen ab.)

Vierte Scene

Verwandelt sich in ein Zimmer in Olivias Haus.

Sir Tobias, Sir Andreas und Fabian.

Sir Tobias und Fabian bemühen sich den Sir Andreas zur Eifersucht gegen den Cäsario oder die verkleidete Viola zu reizen, und bereden ihn, Olivia habe dem Cäsario nur darum so gut begegnet, um zu sehen, ob er, Andreas, so geduldig dazu seyn werde; Sir Tobias sezt hinzu, sie habe ohnfehlbar erwartet, daß er irgend einen tapfern Ausfall gegen seinen Nebenbuhler wagen würde, und da dieses nicht geschehen, so sey er nun ganz gewiß sehr tief in ihrer guten Meynung gefallen. Du bist nun, sagt er, in den Norden, von meiner Nichte guter Meynung hineingesegelt, wo du hangen wirst wie ein Eiszapfe an eines Holländers Bart, wofern du dich nicht durch irgend eine kühne That wieder losmachst -- Kurz, sie bereden ihn endlich, daß er sich schlechterdings mit Cäsario schlagen müsse, und Sir Tobias erbietet sich, diesem die Ausforderung zu überbringen; welche zu schreiben dann Sir Andreas abgeht.

Fünfte Scene

Fabian und Sir Tobias machen sich zum voraus über die Kurzweile lustig, die sie von diesem Zweykampf erwarten. Sir Tobias gesteht von seinem Freund daß er eine Memme sey; wenn man ihn öfnete, sagt er, und ihr findet nur soviel Blut in seiner Leber, daß eine Floh die Füsse darinn naß machen könnte, so will ich den Rest der Anatomie aufessen. Indem kommt Maria zu ihnen, und bittet sie mit ihr zu gehen und zu sehen, wie seltsam sich Malvolio in seinen gelben, unter den Knien gebundnen Strümpfen gebehrde, und wie pünctlich er der Vorschrift des von ihr unterschobnen Briefs nachlebe. Er lächelt (sagt sie) sein breites Gesicht in mehr Linien als auf der neuen Land-Carte sind, die mit den beyden Indien vermehrt ist; ihr habt euere Tage nichts so gesehen; ich bin gewiß, mein Fräulein wird ihm eine Ohrfeige geben; wenn sie's thut, so wird er lächeln und es für eine grosse Gunstbezeugung aufnemen.

Sechste Scene

Verwandelt sich in die Strasse.

Sebastian und Antonio treten auf.

Sie freuen sich einander wieder zufinden; Sebastian bittet seinen Freund mit ihm zu gehen, um die Merkwürdigkeiten der Stadt zu sehen; Antonio antwortet, er getraue sich, weil er ehedem gegen den Herzog gedient und ihm einen namhaften Schaden gethan habe, nicht, sich so öffentlich sehen zu lassen, er bestellt also den Sebastian auf den Abend ins Wirthshaus zum Elephanten, giebt ihm, auf den Fall, wenn er etwann Lust hätte etwas einzukauffen, seinen Beutel, und verläßt ihn, um ihm das Nacht-Quartier zu bestellen.

Siebende Scene

Verwandelt sich in Olivias Haus.

Olivia und Maria.

Olivia. Ich habe nach Cäsario geschikt; er sagt, er will kommen; was soll ich ihm für Ehre anthun? Was soll ich ihm geben? Denn Jugend wird öfters erkauft als erbettelt oder entlehnt – – Ich rede zu laut – – Wo ist Malvolio? Er ist ernsthaft und höflich, er schikt sich gut zu einem Bedienten für eine Person von meinen Umständen; wo ist Malvolio?

Maria. Er kommt sogleich, Gnädiges Fräulein, aber in einem seltsamen Aufzug. Er ist ganz unfehlbar besessen, Gnädiges Fräulein.

Olivia. Wie, wo fehlt es ihm? Raßt er denn?

Maria. Nein, Gnädiges Fräulein, er thut nichts als lächeln; Euer Gnaden wird wohlthun, jemand zur Sicherheit bey sich zu haben: denn, ganz gewiß, der Mann ist nicht recht richtig unterm Hut.

Olivia. Geh, ruf ihm. – –

Malvolio tritt auf.

– – Ich bin so närrisch als er immer, wenn traurige und lustige Narrheit auf eins hinauslauffen – – Nun, wie gehts, Malvolio?

Malvolio. Liebstes Fräulein, ha, ha.

(Er lächelt auf eine abgeschmakte Art.)

Olivia. Lächelst du? Ich schikte nach dir, um dich zu einem ernsthaften Geschäfte zu gebrauchen.

Malvolio. Ernsthaft? Ich könnte wol ernsthaft aussehen, dieses starke Binden unter den Knien macht einige Obstruction im Geblüt; aber was thut das? Wenn es nur Einer gefällt, so geht mir's vollkommen wie es in dem Sonnet heißt: Gefall ich Einer, so gefall ich Allen.

Olivia. Wie, was bedeutet das, Mann? Was fehlt dir?

Malvolio. Es ist in meinem Kopf nicht so schwarz als meine Beine gelb sind: Es ist mir richtig zu Handen gekommen, und Befehle sollen vollzogen werden. Ich denke, wir kennen diese schöne Römische Hand.

Olivia. Willt du nicht zu Bette gehen, Malvolio?

Malvolio *(leise.)* Zu Bette? Ja, Liebchen, und mit dir.

Olivia. Gott behüte dich! Warum lächelst du so, und küssest deine Hand so oft?

Maria. Was fehlt euch, Malvolio?

Malvolio. Habt ihr zu fragen? Wahrhaftig! Nachtigallen antworten gleich Krähen!

Maria. Wie untersteht ihr euch mit einer so lächerlichen Kühnheit vor meiner Gnäd. Fräulein zu erscheinen?

Malvolio. Fürchte dich nicht vor Grösse; – – Das war wol gegeben.

Olivia. Was meynst du damit, Malvolio.

Malvolio. Einige werden groß gebohren – –

Olivia. Ha?

Malvolio. Andre arbeiten sich zur Grösse empor – –

Olivia. Was sagst du?

Malvolio. Und andern wird sie zugeworfen.

Olivia. Der Himmel helfe dir wieder zurechte!

Malvolio. Erinnre dich, wer dir befahl gelbe Strümpfe zu tragen – –

Olivia. Deine gelbe Strümpfe?

Malvolio. Und wünschte, daß du sie unterm Knie binden möchtest?

Olivia. Unterm Knie binden?

Malvolio. Geh, geh, du bist ein gemachter Mann, wenn du nur willst.

Olivia. Was sagst du?

Malvolio. Wo nicht, so bleibe dein Lebenlang ein Bedienter.

Olivia. Wie, das ist ja eine wahre Hundstags-Tollheit.

(Ein Bedienter meldet den Cäsario an, Olivia geht ab, nachdem sie Befehl ertheilt hat, daß man zu Malvolio Sorge trage.)

Achte Scene

Malvolio, der seine Sachen vortrefflich gemacht zu haben glaubt, bestärkt sich selbst, in einem kleinen Monologen, in seinem angenehmen Wahnwiz, und hält sich seines Glüks so gewiß, daß ihm nichts übrig bleibe, als den Göttern davor zu danken.

Neunte Scene

Sir Tobias, Fabian und Maria zu Malvolio.

Sir Tobias. Wo ist er, wo ist er, im Namen alles dessen was gut ist? Und wenn alle Teufel in der Hölle sich ins Kleine zusammengezogen hätten und in ihn gefahren wären, so will ich mit ihm reden.

Fabian. Hier ist er, hier ist er. Wie steht's um euch, Herr? Wie steht's um euch?

Malvolio. Geht eurer Wege; ich entlaß euch; laßt mich bey mir selbst; geht eurer Wege.

Maria. Seht, wie der böse Feind aus ihm heraus redt! Sagt ich's euch nicht? Sir Tobias, die Gnädige Fräulein bittet euch, Sorge zu ihm zu tragen.

Malvolio. Ah, ha! Thut sie das?

Sir Tobias. Geh, geh; still, still, wir müssen säuberlich mit ihm verfahren; laßt mich allein machen. Wie! Mann! Laß den Teufel nicht Meister seyn; bedenke, daß er ein Feind der Menschen ist.

Malvolio *(ernsthaft und stolz.)* Wißt ihr auch was ihr sagt?

Maria. Da seht ihr; wenn ihr was böses vom Teufel sagt, wie er's gleich zu Herzen nimmt – – Gott gebe, daß er nicht besessen seyn möge!

Fabian. Man muß sein Wasser zu der weisen Frauen tragen.

Maria. Meiner Treue, das soll auch gleich morgen gethan werden, wenn ich das Leben habe. Mein Gnädiges Fräulein würd' ihn um mehr als ich sagen mag nicht verliehren wollen.

Malvolio. Nun wie, Jungfer?

Maria. O Himmel!

Sir Tobias. Ich bitte dich, schweige; das ist nicht das rechte Mittel: Siehst du nicht, daß du ihn nur böse machst? Laßt mich allein mit ihm.

Fabian. Nur keinen andern Weg als Freundlichkeit; nur sanft, nur sanft; der böse Feind ist gar kurz angebunden, er läßt nicht grob mit sich umgehen.

Sir Tobias. Nun, wie, wie steht's, mein Truthähnchen? Wie geht's dir, mein Herzchen?

Malvolio. Sir? – –

Sir Tobias. Ja, ich bitte dich, komm du mit mir. Wie, Mann, es schikt sich nicht für einen so weisen Mann wie du bist mit dem Teufel den Narren zu treiben. An den Galgen mit dem garstigen Kohlenbrenner!

Maria. Laßt ihn sein Gebet hersagen, lieber Sir Tobias; laßt ihn beten.

Malvolio. Beten, du Affen-Gesicht?

Maria. Da, hört ihr's, er will von nichts gutem reden hören.

Malvolio. Scheret euch alle an den Galgen: Ihr seyd ein einfältiges dummes Pak; ich bin nicht euers Gelichters; ihr werdet mich seiner Zeit schon kennen lernen.

(Er geht ab.)

Sir Tobias. Ist's möglich?

Fabian. Wenn man das in einer Comödie spielen würde, wer würd' es nicht als eine unwahrscheinliche Erdichtung verurtheilen?

Zehnte Scene

Sir Andreas kommt mit der Ausforderung, die er indessen aufgesezt hat, zu den Vorigen, und ließt ihnen das abgeschmakteste Zeug vor, das man sich träumen lassen kan. Alle geben ihm ihren Beyfall, und muntern ihn auf, sich wohl zu halten. Sir Tobias nimmt auf sich, die Ausforderung dem Cäsario einzuhändigen und schikt den Sir Andreas in den Garten, wo er seinem Gegner, der sich würklich bey Fräulein Olivia befindet, aufpassen soll. Allein sobald er weggegangen ist, entdekt Tobias dem Fabian daß er weit entfernt sey, einem so feinen jungen Edelmann als Cäsario zu seyn scheine, ein so vollgültiges Document der verächtlichen Schwäche seines Gegners zu geben; denn so würde der Spaß gleich ein Ende haben: er finde also besser, seine Comission mündlich abzulegen, und dem jungen Cäsario einen ganz entsezlichen Begriff von Sir Andreassen Tapferkeit, und unbezwingbarer Wuth beyzubringen; auf diese Art, sezt er hinzu, werden beyde in eine solche Furcht gesezt werden, daß sie einander nur durch Blike tödten werden, wie die Basilisken.

Eilfte Scene

Olivia und Viola treten auf.

Olivia. Zu einem Herzen von Stein hab' ich zuviel gesagt, und meine Ehre zu wohlfeil ausgelegt. Es ist etwas in mir, das mir meinen Fehler vorrükt; aber es ist ein so eigensinniger hartnäkiger Fehler, daß ihm Vorwürfe nichts abgewinnen können.

Viola. Der Herzog, mein Herr befindet sich in dem nemlichen Falle.

Olivia. Hier, tragt dieses Kleinod zu meinem Andenken; es enthält mein Bild; schlagt es nicht aus, es hat keine Zunge euch zu plagen; und ich bitte euch, kommt morgen wieder. Was könntet ihr von mir begehren, das mit Ehren gegeben werden kan, und ich euch abschlagen würde?

Viola. Ich bitte um nichts als eure Liebe für meinen Herrn.

Olivia. Wie kan ich ihm mit Ehren geben, was ich euch schon gegeben habe?

Viola. Ich will euch dessen quitt halten.

Olivia. Gut, komm morgen wieder; lebe wohl – – *(Sie geht ab –)* Ein Teufel der deine Gestalt hätte, könnte meine Seele bis in die Hölle loken – –

Zwölfte und dreyzehnte Scene

Sir Tobias kündigt den Zorn des furchtbaren Sir Andreas und seine Ausforderung dem verkappten Cäsario an, der Mühe genug hat seinen wenigen Muth zu einem solchen Zweykampf zu verbergen. Tobias verspricht ihm endlich seine guten Dienste, um wenigstens die Ursache der grausamen Ungnade zu erkundigen, welche Cäsario durch nichts verdient zu haben sich bewußt ist, und wo möglich den wüthenden Sir Andreas in etwas zu besänftigen. Tobias stellt sich als ob er zu diesem Ende abgehe, da indessen Fabian fortfährt der armen Viola Schreken einzujagen, und ihren Gegner als den besten Fechter und den fatalesten Widerpart den man in ganz Illyrien finden könne, abzumahlen. Sie gehen ab, um dem Sir Tobias Plaz zu geben, in der folgenden Scene, seinen Freund Andreas in eine eben so friedliebende Gemüths-Verfassung zu sezen. Er beschreibt ihm den Cäsario als einen eingefleischten Teufel, der des Sophi Hof-Fechtmeister gewesen sey, und keinen Stoß zu thun pflege, der nicht eine tödtliche Wunde mache. Andreas geräth darüber in solche Angst, daß er verspricht er wolle ihm sein bestes Pferd geben, wenn er die Sache auf sich beruhen lassen wolle. Indessen kommt Fabian mit Cäsario zurük, der, sobald er den Andreas erblikt, sich allen Heiligen zu empfehlen anfängt, ohne gewahr zu werden, daß Andreas wie eine Memme schlottert. Sir Tobias geht von dem einen zum andern, sagt einem jeden, sein Gegner wolle sich durch nichts in der Welt besänftigen lassen, und bringt sie endlich dahin, daß sie, ungern genug, die Degen zu ziehen anfangen; welches alles auf dem Theater eine äusserst lächerliche Scene machen muß.

Vierzehnte Scene

Antonio *(nachdem er sich vergeblich hatte verläugnen wollen.)* Ich muß gehorchen. *(Zu Cäsario.)* Das begegnet mir, weil ich euch allenthalben aufsuchte. Aber dafür ist nun kein Mittel. Ich werde mich zu verantworten wissen. Was wollt ihr thun? Meine eigne

Noth zwingt mich, daß ich meinen Beutel wieder abfordern muß. Dieser Zufall bekümmert mich viel weniger um meiner selbst willen, als weil ich euch unnüz werden muß: Ihr seyd betroffen, seh ich; aber laßt den Muth noch nicht sinken.

1. Officier. Kommt, Herr, wir müssen fort.

Antonio *(Zu Cäsario.)* Ich bin genöthigt euch um etwas Geld zu bitten.

Viola. Was für Geld, mein Herr? – – Um eures edeln Bezeugens gegen mich willen, und weil ich zum Theil durch den verdrieslichen Zufall, der euch hier zugestossen ist, aus der grösten Verlegenheit gezogen worden bin, will ich euch etwas vorstreken; was ich habe ist was weniges, aber ich will doch mit euch theilen was ich habe; nemmt, das ist die Hälfte meines Vermögens.

Antonio. Und ihr seyd fähig, mich izt zu mißkennen? Ist's möglich daß meine guten Dienste – – o sezt meine Noth nicht auf eine so harte Probe, oder ihr könntet mich zu der Niederträchtigkeit versuchen, euch die Freundschaft, die ich euch bewiesen habe, vorzurüken.

Viola. Ich weiß von keiner, und kenne euch weder an eurer Stimme noch Gestalt. Ich hasse Undankbarkeit mehr an einem Mann als Aufschneiden, einbildisches Wesen, waschhafte Trunkenheit, oder irgend eine andre Untugend, wovon der anstekende Saame in unserm Blute stekt.

Antonio. O Himmel! – –

Ein Officier. Kommt, mein Herr, ich bitte euch, geht.

Antonio. Laßt mich nur noch ein Wort sagen. Diesen jungen Menschen, den ihr hier seht, zog ich aus dem Rachen des Todes; ich that alles was der zärtlichste Bruder thun könnte, ihn wieder herzustellen; ich liebte ihn, und ließ mich von seiner Gestalt, die mir die besten Eigenschaften anzukündigen schien, so sehr einnehmen, daß ich ihn fast abgöttisch verehrte.

1. Officier. Was geht das uns an? Die Zeit verstreicht indessen; fort!

Antonio. Aber, oh, was für ein häßlicher Göze ist aus diesem Gotte worden. O Sebastiano, du machst der Schönheit Unehre. Wahrhaftig, man sollte niemand häßlich nennen, als Leute die kein gutes Herz haben. Tugend ist Schönheit; böse Leute, welche schön aussehen, sind hohle Klöze die der Teufel angestrichen hat.

1. Officier. Der Mann fangt an zu rasen: weg mit ihm. Kommt, kommt, Herr.

Antonio. Führt mich wohin ihr wollt.

(Sie gehen ab.)

Viola. Mich däucht es ist eine so wahre Leidenschaft in seinen Reden, daß er würklich glaubt was er sagt. Und doch ist gewiß daß ich ihn nicht kenne. O daß die Einbildung sich wahr befinden möge, o, daß es wahr sey, daß man, liebster Bruder, izt für dich mich angesehen habe - - Er nannte mich Sebastian; Ich sehe meinen Bruder noch lebend so oft ich in den Spiegel sehe, er sah vollkommen so aus, und gieng auch eben so gekleidet, von solcher Farbe, und so ausstaffiert wie ich; denn ihn copiere ich in dieser Verkleidung - - O, wenn es so ist, so werd' ich den Sturm und die Wellen liebreich statt grausam nennen.

(Sie geht ab.)

Sir Tobias. Ein recht schlechter armseliger Bube, und eine feigere Memme als eine Hindin; seine Schlechtigkeit zeigte sich in seiner Aufführung gegen seinen Freund, den er in der Noth verläugnete; und von seiner Feigheit kan euch Fabian erzählen.

Fabian. Eine Memme ist er, eine recht fromme, friedfertiger feige Memme.

Sir Andreas. Mein Seel! Ich will ihm nach und ihn prügeln.

Sir Tobias. Thut das, gebt ihm Maulschellen, bis er genug hat, nur den Degen zieht nicht gegen ihn.

Sir Andreas. Wenn ich's nicht thue – –

(Er läuft fort.)

Fabian. Kommt, wir müssen doch sehen, wie er das machen wird.

Sir Tobias. Ich wollte wetten was man will, es wird doch nichts daraus werden.

(Sie gehen ab.)

Vierter Aufzug

Erste Scene

Die Strasse.

Hans Wurst, der von Olivia geschikt worden, den Cäsario zu ihr zu ruffen, trift den Sebastiano an, und richtet seinen Auftrag bey ihm aus, weil er ihn für den Cäsario ansieht; Sebastiano, der hier ganz fremd ist, und von der Verkleidung seiner Schwester, die er sogar für todt hält, nichts wissen kan, stellt sich zu diesem qui pro quo so befremdet an, als man sich vorstellen kan, und will schlechterdings derjenige nicht seyn, wofür ihn Hans Wurst ansieht: Indem sie nun mit einander streiten, kommen Sir Andreas und Sir Tobias dazu, von denen der Erste durch den nemlichen Optischen Betrug seinen Mann gefunden zu haben glaubt, und dem vermeynten Cäsario eine Ohrfeige appliciert, welche

Sebastiano mit einer Tracht Schläge erwiedert. Sir Andreas hatte sich das nicht vermuthet, und appelliert an die Justiz; denn, sagt er, wenn ich ihm gleich den ersten Schlag gegeben habe, so ist es doch keine Manier, daß er mir soviele dagegen giebt. Indem nun Sir Tobias Friede machen will, wird er selbst mit Sebastiano handgemein; von der dazwischen kommenden Olivia aber in der

Zweyten Scene

so gleich wieder geschieden, welche ihren ungesitteten Oheim unter den bittersten Vorwürfen aus ihren Augen gehen heißt, den vermeynten Cäsario aber aufs zärtlichste zu besänftigen sucht, und zu sich in ihr Haus nöthiget. Sebastiano weiß nun vollends nicht mehr, in was für einer Welt er ist. Was bedeutet alles diß, ruft er aus, entweder hab ich den Verstand verlohren, oder das alles ist ein Traum. O wenn es ein Traum ist, so laßt die Phantasie meine Sinnen immer in Lethe tauchen, so laßt mich nie von diesem Traum erwachen. Nun, sagt Olivia, komm, ich bitte dich; ich wollte du liessest dich von mir regieren; von Herzen gerne, antwortet Sebastian, und so gehen sie in bester Eintracht mit einander ab.

Dritte Scene

Ein Zimmer in Olivias Haus.

Maria und Hans Wurst.

Maria. Ich bitte dich, mache hurtig, zieh diesen Priesterrok an, und binde dir diesen Bart um; wir wollen ihn bereden du seyest Sir Topas der Pfarrer; beschleunige dich; ich will indeß den Sir Tobias ruffen.

(Sie geht ab.)

Hans Wurst. Gut, ich will's thun, ich will mich verkleiden, und ich wollte wünschen, ich wäre der erste der sich in einen solchen Rok verkleidete. Ich bin nicht lang genug, um eine ansehnliche Person in diesem Habit vorzustellen, noch mager genug, um die Meynung von mir zu erweken, daß ich zuviel studiere; allein, ein ehrlicher Mann und ein guter Haushälter seyn, klingt immer so gut als ein hübscher Mann und ein grosser Gelehrter seyn.

Sir Tobias und Maria.

Sir Tobias. Die Götter seyen mit dir, Herr Pfarrer.

Hans Wurst. *Bonos Dies*, Sir Tobias; denn wie der alte Einsiedler von Prag, der in seinem Leben weder Feder noch Dinte gesehen hatte, sehr sinnreich zu König Gorboduks Nichte sagte, daß nemlich alles was ist, ist: Also, da ich der Herr Pfarrer bin, bin ich der Herr Pfarrer; denn was ist was anders als was? Und ist anders als ist?

Sir Tobias. Zu euerm Patienten, Herr Pfarrer.

Hans Wurst. Wie, holla, sag ich – – Stille da, in diesem Kerker!

Malvolio *(hinter der Bühne.)* Wer ruft hier?

Hans Wurst. Sir Topas der Pfarrer, welcher Malvolio den Mondsüchtigen besuchen will.

Malvolio. Sir Topas, Sir Topas, guter Sir Topas, geht zur Gnädigen Fräulein – –

Hans Wurst. Fahre aus, du Hyperbolicalischer Teufel, warum quälst du diesen armen Menschen so? Redst du von nichts als von Fräulein?

Sir Tobias. Wohl gegeben, Herr Pfarrer!

Malvolio. Sir Topas, niemalen ist einem Menschen so übel mitgespielt worden als mir; lieber Sir Topas, bildet euch nicht ein daß ich rasend sey; sie haben mich hier in eine gräßliche Finsterniß gelegt.

Hans Wurst. Fy, du unartiger Satan; ich bediene mich der gelindesten Ausdrüke gegen dich; denn ich bin einer von diesen manierlichen Leuten, die dem Teufel selbst nicht anders als höflich begegnen wollten: Sagst du, dieses Haus sey finster?

Malvolio. Wie die Hölle, Sir Topas.

Hans Wurst. Wie, es hat Bogen-Fenster die so durchsichtig sind wie Gitter, und die innwendigen Steine gegen die Sud-Seite sind so glänzend wie Eben-Holz; und du klagst über Dunkelheit?

Malvolio. Ich bin nicht toll, Sir Topas; ich sag euch, es ist finster im Hause.

Hans Wurst. Tollhäusler, du betrügst dich; ich sage dir, es giebt keine andre Finsterniß als Unwissenheit; und in dieser stekst du tiefer als die Egypter in ihrem Schlamme.

Malvolio. Und ich sage, dieses Haus ist so finster als Unwissenheit, wenn gleich Unwissenheit so finster als die Hölle wäre; und ich sage, niemalen ist einem ehrlichen Manne so übel mitgespielt worden; ich bin nicht mehr rasend als ihr selbst; macht die Probe mit mir, fragt mich etwas gescheidtes was ihr wollt, und seht ob ich euch nicht antworten werde, wie sich's gehört.

Hans Wurst. Was statuierte Pythagoras in Betreff des wilden Geflügels?

Malvolio. Daß es leichtlich begegnen könne, daß die Seele unsrer Großmutter in einem Schnepfen wohne.

Hans Wurst. Was hältst du von dieser Meynung?

Malvolio. Ich denke edler von der Seele, und billige diese Meynung keineswegs.

Hans Wurst. Gehab du dich wohl: Bleib immer in der Finsterniß; du must die Meynung des Pythagoras halten, wenn ich dir zugestehen soll daß du deine fünf Sinne habest, und dich scheuen einen Schneppen zu schiessen, aus Besorgniß du möchtest die Seele deiner Großmutter aus ihrer Wohnung vertreiben. Leb wohl.

Malvolio. Sir Topas, Sir Topas – –

Sir Tobias. Der allerliebste Sir Topas!

Hans Wurst. Gelt, ich schike mich zu allen Rollen?

Maria. Du hättest das alles ohne Bart und Priesterrok thun können; er sieht dich ja nicht.

Hierauf erklärt sich Sir Tobias, daß er dieses Spiels nach gerade überdrüssig sey, und demselben um so mehr ein anständiges Ende gemacht wünsche, da er mit seiner Nichte zerfallen sey. Er geht also mit Maria ab, um sich darüber auf seinem Zimmer mit ihr zu berathen, und läßt Hans Wursten bey Malvolio zurük, der hierauf in der

Vierten Scene

seine eigne Person wieder annimmt, und nachdem er eine Weile den Narren mit ihm getrieben, sich endlich erbitten läßt ihm Papier, Feder, Dinte und ein Licht zu bringen.

Fünfte Scene

Ein andres Zimmer in Olivias Haus.

Sebastian *allein.* Diß ist die Luft, diß ist die strahlende Sonne; diese Perle gab sie mir, ich fühle sie und sehe sie, und obgleich alles um mich her lauter Wunder ist, so ist es doch nicht Wahnwiz. Wo ist denn Antonio? Ich konnt' ihn im Elephanten nicht finden; alles was ich erfahren konnte war daß er da gewesen und wieder ausgegangen sey, mich überall in der Stadt aufzusuchen. Sein Rath könnte mir izt den grössesten Dienst thun – – Denn wenn gleich meine Vernunft gegen meine Sinnen behauptet, daß diß alles irgend ein Irrthum seyn könne, ohne daß es Einbildungen oder Tollheit seyn müsse; so geht doch dieser Zufall und ein so ausserordentliches Glük so weit über alles, was man sich vorstellen kan, oder was jemals erhört worden ist; daß ich bereit bin, ein Mißtrauen in meine eigne Augen zu sezen, und mit meiner Vernunft zu streiten, wenn sie mich bereden will, irgend etwas anders zu glauben, als daß ich toll sey oder daß es diese junge Dame sey; und doch, wenn das leztere wäre, würde sie ihr Haus regieren, ihren Bedienten Befehle geben, Geschäfte annehmen und auftragen, und das alles mit einer so guten Art, mit einem so sanften, vernünftigen, gesezten Wesen, wie ich sehe, daß sie thut? In der That, es ist etwas unbegreifliches in dieser Sache. Aber da kommt sie ja selbst.

Olivia mit einem Priester.

Olivia. Tadelt nicht, daß ich zu hastig sey; wenn eure Absicht ehrlich ist, so kommt mit mir und diesem heiligen Mann in die Capelle, und unter ihrer geweyhten Umwölbung schwöret mir da, vor ihm, das Gelübd eurer Treue zu, damit meine noch immer mißtrauische, noch immer zweifelnde Seele beruhigt werde. Er soll es geheim halten, bis es euch selbst gefallen wird, die Zeit zu einer öffentlichen Feyer, die meiner Geburt gemäß sey, zu bestimmen. Was sagt ihr hiezu?

Sebastiano. Ich will diesem heiligen Manne folgen und euch begleiten; und die Treue, die ich euch schwören werde, will ich ewig halten.

Olivia. So geht dann voran, ehrwürdiger Vater, und der Himmel schaue mit Beyfall auf mein Vorhaben herab!

(Sie gehen ab.)

Fünfter Aufzug

Dieser ganze lezte Aufzug enthält nichts mehr als eine Entwiklung, welche leicht vorauszusehen ist. Man weiß schon, daß die Anlegung des Plans und die Entwiklung des Knotens diejenigen Theile nicht sind, worinn unser Autor vortrefflich ist. Hier scheint er, wie es ihm mehrmal in den fünften Aufzügen begegnet, begieriger gewesen zu seyn, sein Stük fertig zu machen, als von den Situationen, worein er seine Personen gesezt hat, Vortheil zu ziehen. Wir werden uns daher begnügen, den blossen Inhalt jeder Scene auszuziehen.

Erste Scene

Die Strasse.

Der Herzog kommt, mit Viola, Curio und seinem Gefolge, um in eigner Person den lezten Versuch auf das Herz seiner Unerbittlichen zu machen, und da er nicht gleich vorkommen kan, so unterhält er sich unterdessen mit Hans Wurst, den er vor der Porte antrift.

Zweyte Scene

Antonio wird von dem Gerichts-Beamten, der sich seiner bemächtiget hatte, herbeygeführt, und dem Herzog als jener berüchtigte See-Räuber vorgestellt, gegen welchen er so viele Ursache habe erbittert zu seyn. Viola, die, wie wir wissen, eine gutherzige Art von Mädchen ist, rühmt sogleich den guten Dienst, den er ihr gethan, fügt aber hinzu, daß er zulezt aus einem so seltsamen Ton zu ihr gesprochen habe, daß sie nichts anders vermuthen könne, als er müsse im Kopf nicht gar zu richtig seyn. Antonio vertheidigt sich hierauf gegen den Vorwurf der Seeräuberey, und da er Viola für ihren Bruder ansieht, so erzählt er auf ihre Rechnung alles was wir bereits von seinen Verdiensten um Sebastian wissen, und beklagt sich bitterlich über ihre Undankbarkeit. Indem nun der Herzog der Zeit nachfrägt, und durch den Umstand, daß Cäsario die verflossenen drey Monate an seinem Hofe zugebracht, den Antonio der Unwahrheit überwiesen zu haben glaubt, kommt in der

Dritten Scene

Olivia dazu, und befremdet sich sehr ihren Cäsario gegen sein gegebnes Wort, wieder an des Herzogs Seite zu sehen. Da nun Viola nicht begreiffen kan, was Olivia sagen will, so beginnt sich ein Wortwechsel unter ihnen, der aber sogleich durch die Händel worein diese Dame mit dem Herzog geräth, unterbrochen wird. Sie sagt ihm rund heraus daß ihr seine Standhaftigkeit unerträglich, und seine Liebes-Klagen so angenehm seyen als Heulen nach Musik. Der Herzog wird dadurch so aufgebracht, daß er schwört, die Unerbittlichkeit seiner marmorherzigen Tyrannin an ihrem jungen Liebling, an Cäsario zu rächen – – Ich will ihn, sagt er, aus diesem grausamen Auge reissen, wo er siegreich und gekrönt dasizt und seines Herrn spottet; ich will das Lamm das ich liebe, opfern, um ein Raben-Herz in der Brust einer Daube zu durchboren. Mit diesen Worten, will er fortgehen und befiehlt dem Cäsario ihm zu folgen. Viola erklärt sich bereit tausend Tode zu sterben, wenn seine Zufriedenheit dadurch befördert werde, und will ihm folgen – – Wohin wollt ihr, Cäsario, ruft Olivia – – Dem folgen, antwortet Viola, den ich, der Himmel sey mein Zeuge, mehr als alle Weiber der ganzen Welt, mehr als meine Augen und mein Leben liebe. Izt fängt Olivia auch an aus dem tragischen Ton zu sprechen, und da ihr vermeynter Bräutigam so unverschämt ist, von allem was zwischen ihnen vorgegangen seyn soll, nichts wissen zu wollen, und der Herzog über den Namen eines Gemahls den sie der Viola giebt, wüthend wird, so sieht sie sich endlich genöthiget den Priester, der sie mit Sebastian getraut hat, herausruffen zu lassen, auf dessen vollgültiges Zeugniß hin der Herzog sich überzeugt hat, daß er von Cäsario betrogen worden, und unter bittern Vorwürfen über seine Falschheit das Verbannungs-Urtheil über beyde ausspricht. Indem nun Cäsario sich vergeblich auf seine Unschuld beruft, und Olivia, welche glaubt, daß es nur aus Furcht vor dem Herzog geschehe, ihm Muth einspricht, kommt in der

Vierten Scene

Sir Andreas mit zerbrochnem Kopf heraus, und erhebt ein jämmerliches Geschrey über einen gewissen Kammer-Junker des Herzogs, Cäsario, der ihn und Sir Tobiesen jämmerlich abgeprügelt habe; wir hielten ihn anfangs für eine Memme, sagt er weinend, aber er ist der leibhafte Teufel selbst. Mein Kammer-Junker Cäsario? fragt der Herzog, Ja, Sapperment, (ruft Sir Andreas) hier ist er ja in Person: Ihr habt mir umsonst und um nichts ein Loch in den Kopf geschlagen; und wenn ich euch was gethan habe, so that ich's nur auf Anstiften des Sir Tobiesen – – Viola, welche von dieser neuen Anklage eben so wenig als von einer Vermählung mit Olivia weiß, hat das Mißvergnügen sich von Sir Tobias und vom Hans Wurst überwiesen zu sehen; die

Verwirrung nimmt zu, und steigt endlich auf den höchsten Grad, da in der

Fünften Scene

Sebastian selbst erscheint und der erstaunten Versammlung den Cäsario gedoppelt sehen läßt. Dieser nemliche Augenblik der äussersten Verwirrung bey Orsino und Olivia zieht Antonio und Viola aus der ihrigen. Jener erkennt in Sebastian seinen jungen Freund und diese ihren Bruder: das Geheimniß entdekt sich, Olivia findet sich dem Schiksal mehr verbunden als sie gewußt hatte; Sebastian begreift, was er kurz vorher für einen Traum oder für Bezauberung halten mußte, und der Herzog ergiebt sich den ausserordentlichen Proben die ihm Viola von ihrer Zärtlichkeit gegeben und erklärt sie zur Königin seines

Herzens. Damit alles sich entwikle und niemand unglüklich bleibe, so entdekt sich in der

Sechsten und siebenten Scene

durch den Brief des Malvolio, welchen Hans Wurst überbringt, auch der unglükliche Irrthum dieses Bedienten, und der Betrug der ihm gespielt worden; welches dem Hans Wurst Gelegenheit, sich über ihn lustig zu machen, jenem aber, nach einer kleinen Demüthigung seiner Einbildung, die Freyheit verschaft.